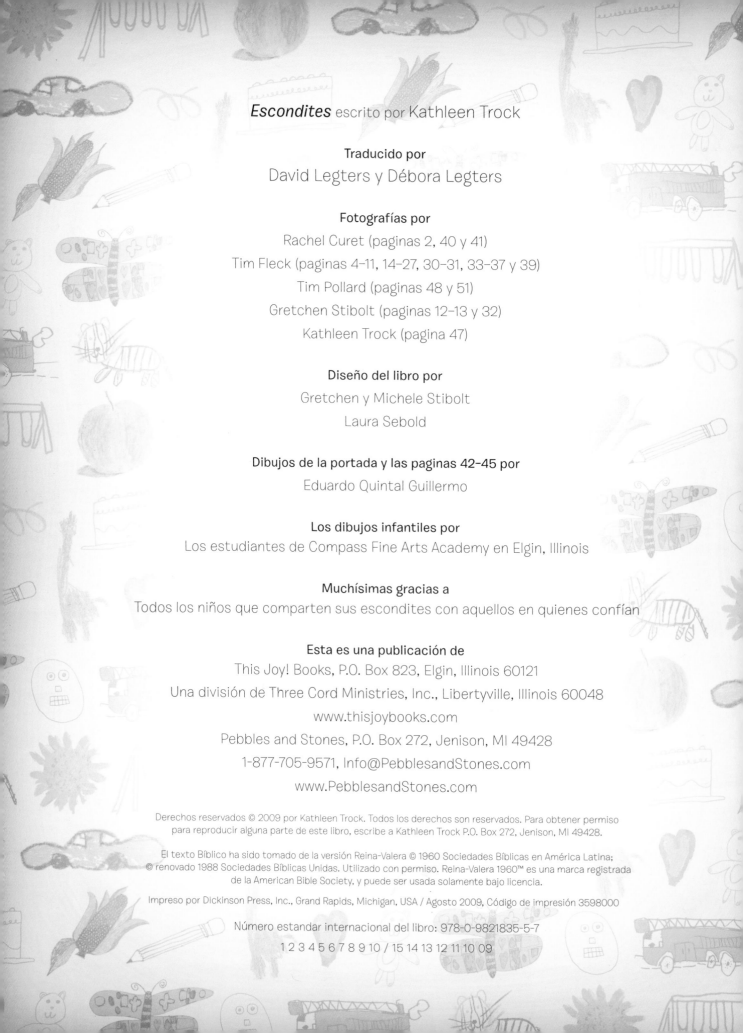

Escondites escrito por Kathleen Trock

Traducido por
David Legters y Débora Legters

Fotografías por
Rachel Curet (paginas 2, 40 y 41)

Tim Fleck (paginas 4–11, 14–27, 30–31, 33–37 y 39)

Tim Pollard (paginas 48 y 51)

Gretchen Stibolt (paginas 12–13 y 32)

Kathleen Trock (pagina 47)

Diseño del libro por
Gretchen y Michele Stibolt

Laura Sebold

Dibujos de la portada y las paginas 42–45 por
Eduardo Quintal Guillermo

Los dibujos infantiles por
Los estudiantes de Compass Fine Arts Academy en Elgin, Illinois

Muchísimas gracias a
Todos los niños que comparten sus escondites con aquellos en quienes confían

Esta es una publicación de
This Joy! Books, P.O. Box 823, Elgin, Illinois 60121

Una división de Three Cord Ministries, Inc., Libertyville, Illinois 60048

www.thisjoybooks.com

Pebbles and Stones, P.O. Box 272, Jenison, MI 49428

1-877-705-9571, Info@PebblesandStones.com

www.PebblesandStones.com

Impreso por Dickinson Press, Inc., Grand Rapids, Michigan, USA / Agosto 2009, Código de impresión 3598000

Número estandar internacional del libro: 978-0-9821835-5-7

1 2 3 4 5 6 7 8 9 10 / 15 14 13 12 11 10 09

Escondites

Kathleen Trock

This JOY! Books

Elgin, Illinois

Dedicado a Dios, nuestro Padre,
quien puso en nosotros el deseo
de encontrar en Él nuestro escondite
y para cada pequeñito
que busca este escondite.

¿Tienes un escondite favorito?

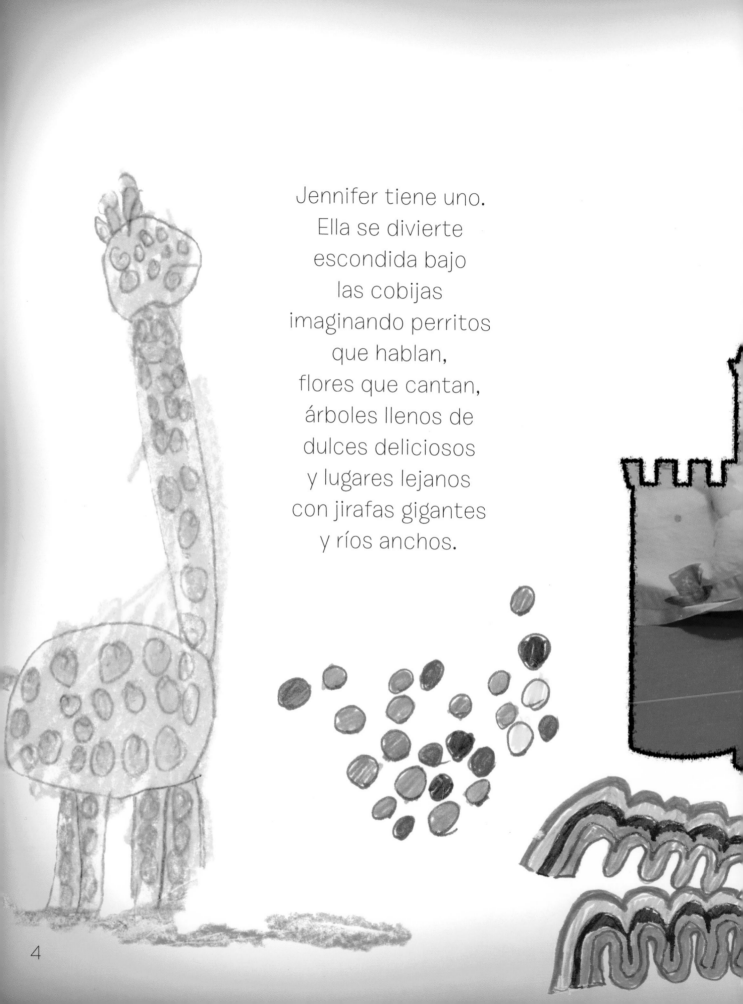

Jennifer tiene uno.
Ella se divierte
escondida bajo
las cobijas
imaginando perritos
que hablan,
flores que cantan,
árboles llenos de
dulces deliciosos
y lugares lejanos
con jirafas gigantes
y ríos anchos.

4

A Cris también le gusta esconderse.
Jugando a las escondidillas,
se mete rápidamente entre el maíz,
respira muy callado y
espera escuchar

"A la 1, a las 2 y a las ... 3".

En la fiesta sorpresa de cumpleaños para Leticia, sus amigas se esconden muy emocionadas detrás de los muebles esperando gritar "¡Feliz cumpleaños! ¡Sorpresa! ¡Sorpresa! ¡Sorpresa!"

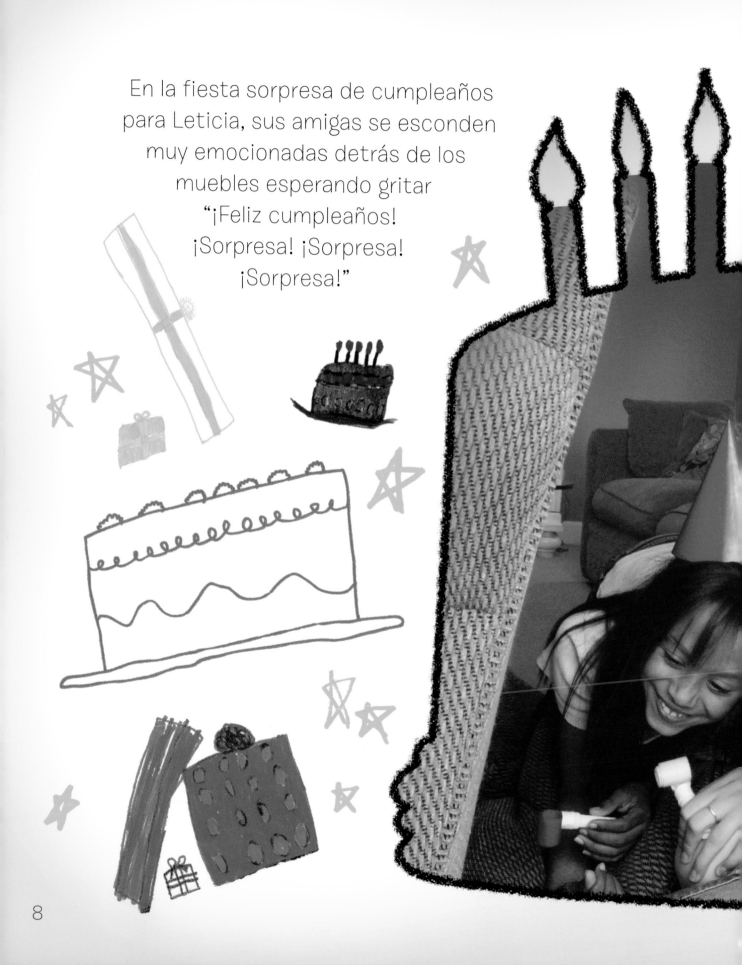

"¡Mira! ¡Lo puedo hacer sin manos!" dice Marta, soltando el manubrio de su bicicleta. De repente la llanta delantera da vuelta y Marta cae sobre el pavimento. Al ver sus rodillas raspadas, cojea hacia los brazos abiertos de su papá para esconder sus lágrimas.

Alex también se esconde.

Zigzagueando a través del cielo una noche obscura, los relámpagos dan aviso y las nubes responden con truenos resonantes. Temblando, Alex se esconde de la tormenta debajo de su cama.

Lucas tiene miedo de tomar un examen en su escuela. Él busca un escondite al decir "Mami, hoy estoy muy enfermo y no puedo ir a la escuela."

CRAYONS

Britany se aburre leyéndole un cuento a su hermanita
y comienza a patear su pelota de futbol.
Cuando la pelota golpea el florero favorito de su mamá,
escucha la voz desde la cocina,
"¿Qué sucedió?"

Britany se esconde al decir
"Érica lo hizo."

Antonio camina de puntitas
y estira sus hombros esperando
que los demás ya no le llamen "enano"—
pero aun así se siguen
burlando de él.
Busca cómo esconderse
en la timidez.

Ana y Mercedes están
compartiendo secretos
en el parque. Cuando
Mercedes escucha que Tania
la llama, se aleja de Ana diciendo
"Ya no quiero hablar más
CONTIGO." Escondiendo sus
sentimientos, Ana responde,

"¡Está bien! ¡Al cabo que
tú no me importas!"

Roberto escucha que sus papás están
peleando otra vez. Le sube el volumen
a su videojuego para no escuchar sus voces

y se esconde en los sonidos de los autos de carreras.

Cuando María recuerda
algo que le da temor o
tiene pensamientos
que la asustan,
se pone muy callada.

Cuando sus amigas le preguntan
"Maria, ¿Qué pasa?" se esconde en el silencio.

Y cuando Andrés
escucha los pasos
que se acercan,
corre hacia el callejón
para esconderse.
Se pega a la pared
y espera que se vayan
los muchachos
que se burlan de él.

26

Todos tenemos escondites.

A Jennifer le gusta esconderse
bajo sus cobijas.

Las amigas de Leticia
les encanta
esconderse
detrás de los
muebles,

y Cris se divierte escondiéndose entre el maíz.

¿Cómo te diviertes
escondido tú?

Alex se siente a salvo bajo su cama,

y Andrés espera estar a salvo
pegado a la pared.

¿En dónde te escondes tú
cuando quieres estar a salvo?

María se alejó
de sus amigas,
y Britany y Lucas dijeron mentiras.

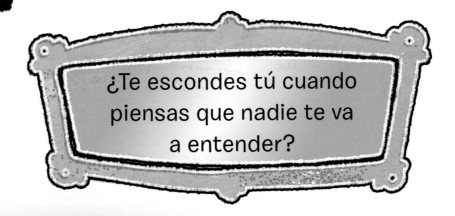

¿Te escondes tú cuando
piensas que nadie te va
a entender?

Cuando Antonio dejó de hablar
y Roberto le subió el volumen a su videojuego,
aún así se sentían mal.

¿Cómo te escondes
tú cuando te sientes mal
o cuando estas triste?

Todos necesitamos lugares para escondernos—
pero ¿dónde?

Hace muchos años,
un pastorcillo llamado David
le dijo a Dios
"Tú eres mi escondite,
Tú me guardarás del peligro . . ."
SALMO 32:7a

Cuando David
quería un escondite,
él hablaba con Dios
y Dios le mostraba
a David a dónde ir
y qué hacer.
Dios le dio valentía
para decir la verdad.
Le dio paz
cuando tenía temor
y lo llamó
Su amigo.

Como David, tú puedes hablar con Dios
en cualquier momento y en cualquier lugar.
Dios siempre está escuchando.

Un día un niño llamado Eduardo hizo justamente eso.

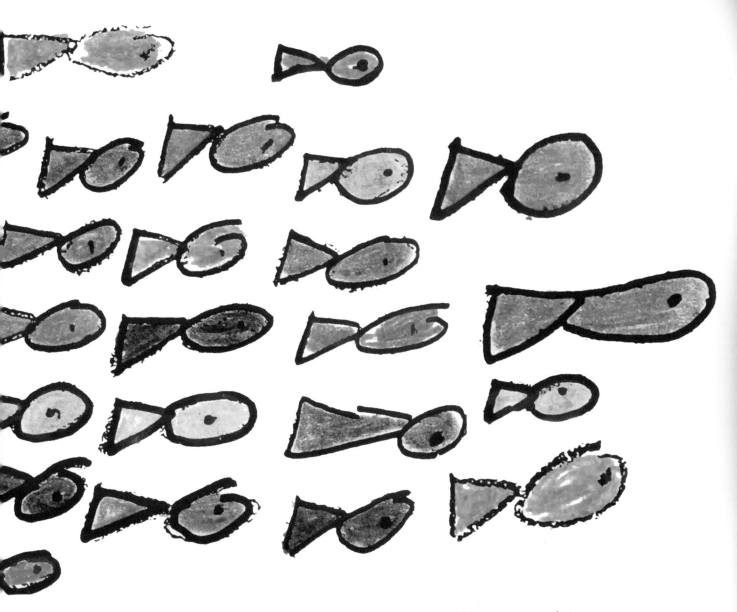

Se sentó a hablar con Dios acerca de sus amigos.
Muchas veces ellos le decían a Eduardo
que haga cosas que estaban mal.

Al decirle a Dios como se sentía,
hizo un dibujo de unos peces.

Todos los peces nadaban en la misma dirección—
con la excepción de uno.

Eduardo le preguntó a Dios
"¿Ese pez soy yo?
¿Estoy nadando
en la dirección correcta?"

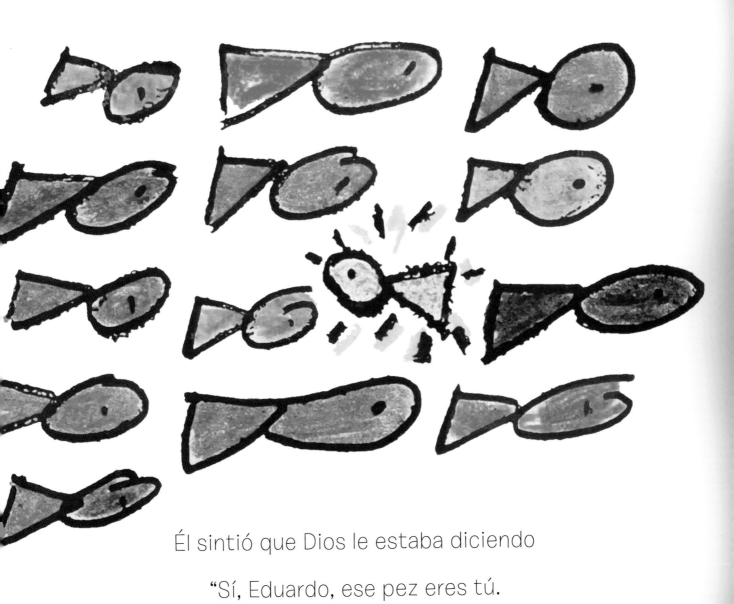

Él sintió que Dios le estaba diciendo

"Sí, Eduardo, ese pez eres tú.
Yo quiero que tú me sigas a mí,
aun si tus amigos no lo hacen."

Al escuchar,
Eduardo empezó a sentirse a salvo,
como si estuviera en
un escondite especial.

Cuando compartió su dibujo con algunas personas,
ellos oraron por él y le dieron ánimos para seguir a Dios.

¡Como David y Eduardo,
tú también puedes hablar con Dios!

Dios te escucha—
no importa en donde estés.

Cuando te quieras esconder,
habla con Dios.

Cuando los demás se burlen de ti
o no te entiendan, dile a Dios
y escucha lo que él te dice. Él te llama—

Amado

Preciosa

Maravilloso.

Dios te escucha
cuando compartes
tus sentimientos con Él.
No hay nada demasiado
grande o muy pequeño
para Dios.
Él sabe que necesitas
un escondite.

Así que la próxima vez
que te quieras esconder,
recuerda—

¡Dios esta ahí!

Pídele a Dios que sea tu escondite al leer estos versículos.

Porque yo Jehová soy tu Dios,
quien te sostiene
de tu mano derecha, y te dice:
No temas, yo te ayudo.
ISAÍAS 41:13

Te escogí, y no te deseché.
No temas, porque yo estoy contigo;
no desmayes, porque yo soy tu Dios
que te esfuerzo; siempre te ayudaré,
siempre te sustentaré
con la diestra de mi justicia.
ISAÍAS 41:9b-10

Dios es nuestro amparo y fortaleza,
nuestro pronto auxilio
en las tribulaciones.
SALMO 46:1

Escucha, oh Dios, la voz de mi queja;
guarda mi vida del temor del enemigo.
Escóndeme del consejo secreto
de los malignos, de la conspiración
de los que hacen iniquidad.
SALMO 64:1-2

A Jehová he puesto
siempre delante de mí;
porque está a mi diestra,
no seré conmovido.
SALMO 16:8

Esperad en él en todo tiempo,
oh pueblos; derramad delante
de él vuestro corazón;
Dios es nuestro refugio.
SALMO 62:8

Tú eres mi refugio;
me guardarás de la angustia.
SALMO 32:7a

Cuando te acuestes, no tendrás
temor, sino que te acostarás,
y tu sueño será grato. No tendrás
temor de pavor repentino.
PROVERBIOS 3:24-25a

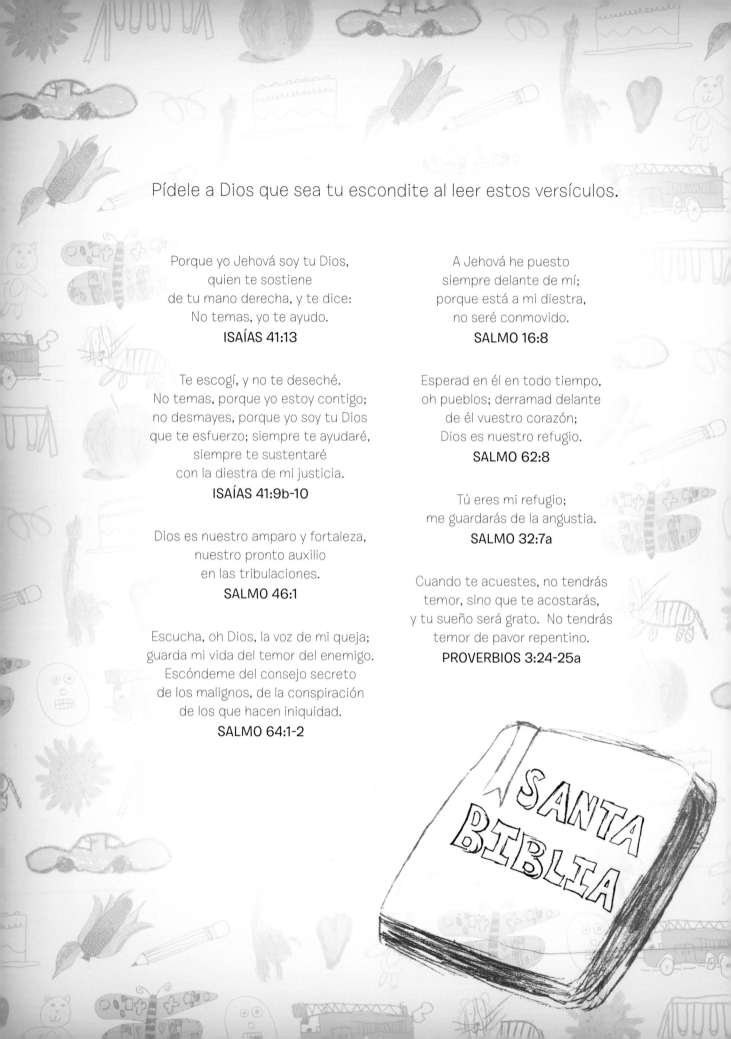

Una nota para amigos de los niños

En el principio cuando Dios creó a Adán y a Eva, ellos no necesitaban un escondite.
Ellos estaban escondidos en su Creador y vivían en comunión con Él.

Después de la caída de Adán y Eva, lo primero que hicieron fue esconderse y cubrirse.
A pesar de su naturaleza caída, Dios aún deseaba estar cerca de Adán y Eva.
Les hizo una pregunta de magnitud eternal que continúa haciendo eco
a través del mundo caído "¿Dónde estás?" (Génesis 3:9a)

Adán respondió "Tuve temor porque estaba desnudo y me escondí." (Génesis 3:10)
Y así es hasta hoy. Muchos de los hijos de Dios aún buscan la manera de esconderse cuando el pecado los descubre.

Escondites sencillamente intenta ayudar a los niños a salir de sus escondites y decir junto con David
"Tú eres mi escondite" y a proclamar junto con Pablo "Estoy escondido en Cristo."

Respaldos

"No solo los niños necesitan un 'escondite' para sentirse seguros. Todos los días yo trabajo con victimas
de abuso y abandono. Quisiera tanto que estas personas también conocieran en su corazón esta maravillosa verdad
que nos muestra Kathleen, que cada uno puede encontrar un escondite en nuestro precioso y amoroso Padre.
Cada uno de nosotros, en alguna manera, somos como niños y necesitamos ese escondite.
Gracias, Kathleen, por este recordatorio tan hermoso."

Dr. Joseph Ozawa, Psicólogo Clínico, Tribunal de Singapur

"¡Bravo! Este es un libro maravilloso, lleno de amor y diseñado para uso infantil.
Guiará a los niños a encontrar el lugar seguro que es el regazo de Dios.
Enseñará a chicos y grandes el valor de escuchar a Dios y experimentar su presencia amorosa.
Les recomiendo mucho leer este libro."

Judith E. King, LMSW, ACSW, Trabajadora Social

"Este es un lindo libro con un mensaje importante—en la vida no importa lo que le traiga temor a algún niño,
él nunca está solo. La promesa de Dios es que tenemos la presencia de un Ser Santo que siempre nos escucha y nos
da dirección en medio de nuestra confusión. Tenemos el mejor Escondite en Aquel quien nos ama más que nadie.
Y en el cuerpo de Cristo aquí en la tierra, tenemos a aquellos que se preocupan por nosotros cuando estamos
heridos. ¡Como hijos de Dios podemos estar confiados sin importar nuestra edad!"

Joanne G. Halt, M.A., Directora Espiritual en el Centro de Desarrollo Espiritual de Stillpoint

"Kathleen Trock ha recibido un don de Dios para ministrar a los retos psicológicos de los niños con palabras
que ellos pueden entender y que también les son útiles a los adultos. La manera en la cual utiliza pasajes
Bíblicos ayuda a capturar la imaginación de los niños. En *Escondites* Kathleen demuestra una gran sabiduría,
su sensibilidad al dilema humano, y su fe en Dios quien es la fuente de toda fuerza y sanidad.
Al leer este libro el lector adulto obtendrá un mayor respeto por la valentía de los niños."

Sherrill McMillan, Ph.D., Ministro Ordenado y Consejera Profesional